Inhalt

© **Prof. Dr. Volodymyr Saviovskyi, Dr. Walther Friesen.** Franz Eduard Graf von Totleben und die Malakow-Türme

© **Dr. Walther Friesen.** Rundbogenstil der Zeche Westhausen und Architektur Russlands

Lektorat: Tatiana Friesen
Layout: Artem Scheller

Internet: www.afz-ethnos.org
E-Mail: afz.ethnos@gmail.com

Herstellung und Verlag: BoD – Books on Demand, Norderstedt

ISBN 978-3-75575-698-9

ISBN 978-3-75575-698-9

Walther Friesen, Volodymyr Saviovskyi

Franz Eduard Graf von Totleben und die Malakow-Türme

Entstehung eines Symbols

AFZ ETHNOS e.V.

DORTMUND 2021

Werdegang des Militäringenieurgenies

Am 20. Mai 1818 erblickte **Franz Eduard von Totleben** das Licht der Welt in der durch die deutsche Kultur geprägte kurländische Hauptstadt Mitau (heute die lettische Stadt Jelgava). 1795 wurde das Herzogtum Kurland und Semgallen vom Russischen Imperium annektiert und 1796–1917 als Gouvernement Kurland verwaltet.

Eduard von Totleben war der entfernte Verwandte des russischen **Generals Gottlob Curt Heinrich Graf von Tottleben** (*1715; †1773), dessen Kosaken-Einheiten während des Siebenjährigen Kriegs am 3. Oktober 1760 über Cöpenick bis an das Cottbusser Tor und Hallesche Tor (beide im heutigen Ortsteil Berlin-Kreuzberg gelegen) heranrückten. Am 8. Oktober 1760 kapitulierte der Berliner Stadtkommandant **Hans Friedrich von Rochow** (*1698; †1787) gegenüber von Tottleben. Als neuen Stadtkommandanten setzte Tottleben den russischen **Brigadegeneral Karl- Johan Reinhold von Bachmann** (* vor 1720; †1763) ein.

Franz Eduard von Totleben wurde zunächst auf der Kadettenschule in Riga und dann von 1832 bis 1836 auf der Ingenieurschule in St. Petersburg ausgebildet. Eine Herzkrankheit hinderte ihn daran, sein Studium zu beenden. Totleben wurde in die Rigaer Pioniertruppe aufgenommen und 1840 in das Sappeur-Ausbildungsbataillon versetzt. Hier zog Totleben die Aufmerksamkeit des russischen **Generaladjutants Karl Ludwig von Schilder** (*1785; †1854) auf sich, von dem er angewiesen wurde, sich an der Erarbeitung der Strategie und Taktik des Minenkriegs zu beteiligen. Für weitere Forschungen wurde er mit einem Team von Sappeuren nach Kiew geschickt, wo Totleben für die Produktion umfangreicher unterirdischer Kriegsführungsexperimente verantwortlich war. 1848 ging er in den Kaukasus und nahm dort an mehreren Militärexpeditionen teil. Er trug dazu bei, dass die 1842 vom russischen **Generalleutnant Johann Kaspar Fäsi** (*1795; †1848) errichtete und 1843 von **Imam Schamil** (1797; †1871) eroberte Befestigung Gergebil erfolgreich belagert und wieder eingenommen wurde, indem er die Anlegung von oberirdischen Annäherungswegen (Sappen) und die Aufstellung der Belagerungsartillerie circa 170 m vor den Mauern akribisch vorbereitete. 1849 war er für alle Arbeiten an der Belagerung der Festung Tschoch in Dagestan verantwortlich. Nachdem Totleben eine kühne Nachtaufklärung der Befestigungsanlagen vorgenommen hatte, ließ er zwei Batterien circa 60 m vor der Fronlinie des Feindes aufstellen. Nach seiner Rückkehr aus dem Kaukasus wurde er zum Adjutanten von General Schilder ernannt, 1851 wechselte Totleben zu den

Gardeingenieuren und ließ sich in St. Petersburg nieder, wo er während der Lagerausbildung die praktischen Übungen des Sappeur-Bataillons der Kaiserlichen Leibgarde leitete. Anfang 1854 wurde Totleben in das Hauptquartier der Donauarmee berufen. Hier handelte er auf Befehl von Generaladjutant Schilder, führte eine Reihe von Aufklärungsmissionen unter dem Feuer türkischer Batterien durch und erarbeitete einen Plan, um die Befestigungsanlagen der von den Türken besetzten rumänischen Stadt Calafat anzugreifen.

Mit Beginn der Vorbereitungsarbeiten zur Belagerung von Silistra wurde er zum Grabenmajor ernannt. Als General Schilder verwundet wurde, übernahm er das gesamte Werk und sprengte am 7. Juni die gesamte Front der fortgeschrittenen Festung von Arab Tabia am rechten Donauufer vor Silistra. Als diese Belagerung aufgehoben wurde, wurde er nach Sewastopol geschickt, wo man eine Landung feindlicher Truppen befürchtete.

Zunächst glaubte der Oberbefehlshaber **Fürst Alexander Sergejewitsch Menschikow** (*1787; †1869), dass die Alliierten (Osmanisches Reich, Frankreich und Großbritannien) wegen des nahenden Winters keine Landung auf der Krim wagen würden und lehnte Totlebens Angebot ab, sofort mit dem Aufbau des Verteidigungssystems der Halbinsel zu beginnen. Es wurde erst damit begonnen, als am 14. September 1854 britische, französische und osmanische Soldaten an der Westküste der Krim in der Bucht von Kalamita nördlich der blühenden Handels- und Hafenstadt Sewastopol an Land gingen.

Totleben baute die vordere Position der Nordbefestigungslinie von Sewastopol aus und stellte die Verteidigungslinie auf der Südseite der Stadt fast wieder her. Aus Zeitgründen war es unmöglich, über den Bau starker und korrekter Befestigungsanlagen nachzudenken; man musste an allen Punkten gleichzeitig arbeiten, mit allen Mitteln – mit der demontierten Bewaffnung der Flotte.

Nach Totlebens Plan verlief die Verteidigungslinie durch die der Stadt nächstgelegenen bestehenden Befestigungsanlagen, starke Artillerie wurde an ihren Hauptpunkten aufgestellt. Diese Punkte wurden durch Schützengräben für die bewaffnete Infanterie miteinander verbunden. An einigen Stellen wurden separate Batterien zwischen den Hauptpunkten platziert. So sollten alle Zugänge zur Stadt mittels einer starken Frontal- und Flankenverteidigung mit Kanonen- und Schrotflintenfeuer abdecken. Die Arbeiten wurden Tag und Nacht ohne Unterbrechung durchgeführt. In kurzer Zeit wuchs anstelle der schwachen Befestigung mit großen, nicht verteidigten Lücken, welche die feindliche Aufklärung zuvor aufspüren konnte, eine solide Verteidigungslinie.

Die Verteidigungsbastion unter der Leitung von **Vizeadmiral Wladimir Alexejewitsch Kornilow** (*1806; †1854), die sich auf dem Maláchow-Hügel befand, war der bedeutendste Abschnitt der Verteidigungslinie. Diese Erhöhung (97 Meter) dominierte die ganze Gegend um Sewastopol. Zur ihrer Verteidigung wurde ein Fort gebaut. Totleben beschrieb es wie folgt:

„Ein kleiner Turm, mit 7 Saschen im Durchmesser, wurde vom Marineministerium auf Kosten der städtischen Kaufmannschaft auf dem Maláchow Hügel errichtet; der wurde Maláchow-Turm genannt. Der Turm hatte zwei zugemauerte Ebenen, die für die Verteidigung mit Handfeuerwaffen bestimmt waren, und eine Artilleriebatterie auf dem offenen Platz.

Die äußeren Wände waren 5 Fuß dick und das obere Gewölbe – 2$^1/_2$ Fuß dick. Auf der offenen Batterie, hinter der Brüstung, die 3 Fuß hoch war, wurden fünf 18-Pfünder Festungsgeschützen auf Drehplattformen aufgestellt. Der Turm war 28 Fuß hoch und war vom Felde aus, auf eine Entfernung von 3$^1/_2$ Saschen, durch ein 6 hohes Glacis gedeckt" [1].

Die Alliierten waren gezwungen, ihre Absicht aufzugeben, Sewastopol auf einen Streich zu nehmen und begannen am 28. September mit ihren Belagerungsarbeiten. Die erste Bombardierung Sewastopols am 5. Oktober zeigte die Stärke der Sewastopol-Befestigungen und ihrer gekonnt gelenkten Artilleriefeuer.

Dann wandten sich die Alliierten dem Untergrundkrieg zu und planten, die Bastionen von Sewastopol in die Luft zu sprengen, aber dieses Unterfangen wurde auch von Totleben verhütet, indem er, für den Feind unerwartet, ein geschickt angelegtes Netzwerk von Minengalerien vorbereitet hatte. Am 8. Juni 1855 wurde er von einer Kugel ins Bein getroffen, aber trotz seines schmerzhaften Zustands führte er die Defensivarbeit weiter, bis sich sein Gesundheitszustand so weit verschlechterte, dass er gezwungen war, Sewastopol zu verlassen.

Kärtchen zur Belagerung von Sebaſtopol (1854—1855, nach Spruner=Menke).

Totlebens Verteidigungsbauten nach dem Krimkrieg

Nach dem Fall Sewastopols wurde Totleben zum Generaladjutanten ernannt und nach Nikolajew berufen, um das Küstengebiet des Schwarzen Meeres am Zusammenfluss des südlichen Bug mit dem Inhul in eine defensive Position zu bringen. Totlebens Erläuterung zur Befestigung von Nikolajew stellt eine seiner wertvollsten wissenschaftlichen Arbeiten dar.

Die hier unter dem frischen Eindruck der Kampferfahrung zum Ausdruck gebrachten Ideen eröffneten eine neue Ära in der Befestigungskunst, die sich trotz den Erfahrungen der napoleonischen Kriege von den Traditionen verabschiedeten, die bis dahin im Militäringenieurwesen vorherrschten.

Totleben wies auf die Notwendigkeit hin, ein System von Forts mit Zwischenstellungen der Artillerie zu haben, an das die Eisenbahn herankommen konnte. Er schrieb den befestigten und nach Kampfart mit Waffen ausgerüsteten Stützpunkten eine entscheidende Rolle zu, insbesondere gegen die Kiellinien-Offensivtaktik der Türken und ihrer Verbündeten.

Nach seiner Rückkehr nach St. Petersburg übernahm Totleben die Leitung der Befestigungen der Festung Kronstadt auf der Ostseeinsel Kotlin vor Sankt Petersburg. Danach studierte er zwei Jahre lang die Festungen des Deutschen Bundes und Frankreichs und die dortige Organisation der Ingenieurskunst. 1859 wurde er zum Direktor der Ingenieurabteilung der russischen Armee und 1863 zum Inspektor für Ingenieurwesen des Russischen Imperiums ernannt.

1863 wurde unter der Aufsicht und Führung von Totlebens eine Reihe von Maßnahmen ergriffen, um die russischen Grenzfestungen in eine defensive Position zu bringen. Er führte den Plan zur Verschanzung der auf mehreren miteinander verbundenen Inseln liegenden Fes-

Fort der „Kiewer Festung" auf dem Kahlberg (Lysaja Gora)
Foto von Alexostrov (Островский Александр)

tung Sveaborg, welche die Hauptstadt des Großfürstentums Finnland Helsingfors (Helsinki) vor den Angriffen der feindlichen Flotte schützte, und mehrere andere wichtige Verschanzungsprojekte aus.

1869 entwarf Totleben ein Projekt zur Verteidigungslinie von Kiew, das insbesondere die Errichtung der „Kiewer Festung" auf dem Kahlberg (Lysaja Gora) vorsah. Als Vorsitzender der Artillerie-Ingenieur-Kommission beteiligte er sich aktiv an der Bewaffnung der russischen Festungen mit Gewehren mit den für die damalige Zeit modernen gezogenen Läufen. Gleichzeitig arbeitete er an der Reorganisation der Ingenieurstruppen entsprechend den neuesten Anforderungen der Militärwissenschaft.

Von 1871 bis 1875 war Totleben mit der Entwicklung eines neuen einheitlichen Systems von Verteidigungslinien des Russischen Imperiums mit ihren wichtigsten Hochburgen beschäftigt. Zu diesem Zweck führte er eine Reihe von Forschungen in den an der Westgrenze des Imperiums liegenden Städten Brest-Litowsk, Kowno, Bjelostock, Gonionds, Grodno, Dubno und Proskurow durch. 1873 wurde Totlebens Plan in einer Sondersitzung über die strategische Position Russlands unter dem Vorsitz des Zaren verabschiedet.

Totleben während des Russisch-Türkischen Krieges 1877–1878

Die Arbeiten zur Umsetzung des Totlebens Plans zur einheitlichen Verteidigung des Russischen Imperiums wurden durch den Russisch-Türkischen Krieg von 1877–1878 unterbrochen. 1876 wurde Totleben nach Liwadija auf der Krim einberufen, wo sich der Palast des **Imperators Alexander II**. (*1818; †1881) befand, und zum Oberhaupt der Schwarzmeerküstenverteidigung ernannt. In den Häfen von Kertsch, Otschakow, Odessa und Sewastopol ließ er Seeminen legen sowie neue Batterien mit schweren Kanonen aufstellen.

Ende 1876 kehrte er nach St. Petersburg zurück und erst am 2. September 1877, als sich die russische Belagerung von Plewna, zunächst durchgeführt unter der Führung des **Generalleutnants Juri Schilder-Schuldner** (*1816; †1878) und dann des **Generals der Infanterie Nikolai Karl Gregor von Krüdener** (*1811; †1891), hinzog, wurde Totleben zum Kriegsschauplatz gerufen, wo er die Belagerungsarbeiten in der Nähe von Plewna übernahm. Nach der Einnahme von Plewna wurde er zum Leiter der Östlichen Abteilung der russischen Armee ernannt, aber am 8. Februar wurde er nach St. Petersburg zu einem Treffen zu der Besetzung des Bosporus (der Meerenge zwischen Europa und Asien) und deren Schließung für die englische Flotte, die in der Nähe der Prinzeninseln lagerte, einberufen.

Totleben, der erst kürzlich zum Oberbefehlshaber befördert worden war, stellte nach seiner Ankunft in der Armee-Stabsstelle fest, dass die Besetzung des Bosporus beziehungsweise das Vorhaben, die Meerenge mit Minen zu bedecken, um die Kommunikation mit den russischen Schwarzmeerhäfen zu gewährleisten, ziellos war und dass im Fall eines erfolgreichen Angriffs auf Konstantinopel die Vorteile nur vorübergehend bestehen würden und im Fall des Scheiterns die Gewinne aus der vorherigen Kampagne verlorengehen könnten.

Totlebens Aufgabe als Oberbefehlshaber bestand daher darin, die russische Diplomatie bei ihren Verhandlungen über den Abschluss eines endgültigen Friedens zu unterstützen, die türkische Regierung zu ermutigen, die russischen Forderungen bald und genau zu erfüllen und die Rückkehr russischer Truppen in ihre Heimat zu erreichen. Gleichzeitig schlug er eine Reihe von Maßnahmen vor, um Bulgarien auf die Selbstverteidigung nach dem Abzug der russischen Truppen vorzubereiten.

Für seine Verdienste während des Kriegs von 1877–1878 erhielt er den Orden des Heiligen Georg der 2. Klasse und den Orden des Heiligen Andreas des Erstberufenen. Anlässlich des 25. Jahrestags der ersten Bombardierung Sewastopols wurde ihm die Grafenwürde verliehen. Der renommierte belgische Ingenieur **Henri Alexis Brialmont** (*1821; †1903) gilt Totleben als der bemerkenswerteste Ingenieur des 19. Jahrhunderts.

Totlebens Teilnahme am Russisch-Türkischen Krieg 1877–1878 ist im Plewna-Panoramamuseum verewigt. Das Dorf Totleben in der Plewna-Region trägt seinen Namen sowie Straßen und Institutionen in ganz Bulgarien.

Am 5. April 1879 wurde er zum Interimsgeneralgouverneur von Odessa und am 1. September desselben Jahres zum Kommandeur des Militärbezirks Odessa ernannt. Nach seinem Amtsantritt in Odessa begann er mit extremem Eifer, für Ruhe und Ordnung zu sorgen.

Am 18. Mai 1880 wurde er zum Generalgouverneur der Nordwestregion, die die Gouvernements Wilna, Kowno und Slonim einschloss, ernannt. In dieser Funktion verblieb er jedoch nicht lange. Bereits 1882 musste er sich zur Behandlung und Kur ins Ausland begeben.

In Kėdainiai, auf einem ihm seit 1866 gehörenden Gut, errichtete Totleben 1880–1882 einen Park, baute einen Palast und ein Minarett in Erinnerung an die Kriege mit den Türken; er erinnerte sich an ein Minarett in Plewna. Diese Bauten sind noch im Stadtpark erhalten.

Das Minarett brachte die Legende hervor, dass es gebaut wurde, um die religiösen Bedürfnisse seiner türkischen Liebhaberin zu erfüllen.

Graf Franz Eduard von Totleben starb am 19. Juni 1884 in Bad Soden (Hessen-Nassau) und wurde vorübergehend in einer Mausoleum-Kapelle auf einem Friedhof in der Nähe der lutherischen Kirche in Kėdainiai (heute in Litauen) beigesetzt. Am 5. Oktober 1884 wurden auf Geheiß des **Imperators Alexander III.** (*1845; †1894) seine sterblichen Überreste auf den Bruderschaft-Friedhof in Sewastopol überführt.

Seine Ehefrau (ab 23.02.1852) war **Baronesse Elisabeth Luise Viktoria von Hauff** (1833–1907), Tochter und Erbin des hessisch-darmstädtischen Generalkonsuls in St. Petersburg **Baron Ludwig von Hauff.**

Viktorina Totleben, née Baronesse Elisabeth-Luise-Viktoria von Hauff (1833–1907) [2]

Nach zeitgenössischen Angaben war sie die Mutter einer großen Familie (nach verschiedenen Quellen hatte sie einen Sohn und zwölf Töchter). Gräfin Totleben lebte in der Regel in St. Petersburg im Winter und vom Frühjahr bis Herbst auf dem Familiengut in Kėdainiai, wo sie auf eigene Kosten ein vorbildliches Krankenhaus einrichtete und jährlich in Erinnerung an ihren Mann großartige Treffen für Militärangehörige mit Mittagessen und Tanz veranstaltete. Am 14. November 1904 wurde sie mit dem Titel einer Hofdame beliehen und mit dem Orden der Heiligen Großmärtyrerin Katharina ausgezeichnet.

Zeichen der Erinnerung
an Graf Franz Eduard von Totleben

Das Totleben-Denkmal wurde 1909 auf dem historischen Boulevard von Sewastopol errichtet. Es wurde vom Kavalleriegeneral
der russischen Armee und Maler **Alexander von Bilderling** (*1846;
†1912) entworfen und vom russischen Bildhauer **Johannes Schröder**
(*1835; †1908) gemeißelt. Das Denkmal hat alle Wirren des 20. Jahr-
hundert überstanden.

Das Grab von Totlebens befindet sich
auf dem Bruderschaft-Friedhof in Sewastopol [3]

Die Büste von Graf Totleben befindet sich derzeit in Plewna, Bulgarien, neben dem Museum zu Ehren des **Imperators von Russland Alexander II.** (*1818; †1881), der den Beinamen „Zar-Befreier" hatte.

Ein Boulevard in Sofia und ein Dorf namens Totleben in Bulgarien sind nach Graf Franz Eduard von Totleben benannt.

Drei Etwa 150 Jahre alte Eschenbäume in der Nähe des Arsenalwerks in Kiew wurden nach Eduard Totleben benannt. Seit 2013 gelten sie als örtliches botanisches Denkmal.

Die bulgarische Gemeinde Totleben veranstaltet jährlich am ersten Samstag im Mai ein Fest anlässlich des Jubiläums der Geburt von Generalingenieur Totleben. Am 3. Mai 2008 organisierte der Gemeindeleiter Ivan Ivanov die Feier zum Gedenken an den 190. Geburtstag von General Totleben. Das Fest wurde von einem reichhaltigen Folkloreprogramm begleitet.

Und am 2. Mai 2009 wurde die Feier zum 191. Geburtstag von General Totleben von einer historischen Inszenierung der Szene der Gefangennahme eines türkischen Generals begleitet.

Alte Eschenbäume in Kiew wurden nach Eduard Totleben benannt [4]

Malakow-Türme

Mit dem Namen bzw. den Verteidigungsbauten von General Totleben ist ein Symbol verbunden, das in Deutschland und Europa verbreitet ist: der Malakow-Turm. Der Maláchow-Turm von Sewastopol weist nur architektonische Ähnlichkeit mit den massiven Zechenbauten des Ruhrgebiets – den Malakow-Türmen, die ganz andere Funktion besitzen – auf.

Bis zum Ende des 19. Jahrhunderts wurden in Deutschland, Belgien und Frankreich zahlreiche Fördertürme mit einer charakteristischen Bauform errichtet. Es handelt sich um massive Bauwerke aus Mauerwerk mit einer festungsähnlichen Architektur, die als sogenannte Malakow-Türme bezeichnet werden. Sie stellten die Fördereinrichtungen der Kohlschächte dar. Die mächtigen Türme waren in den Revieren des Ruhrgebiets, des Saarlandes, in Sachsen, Nieder- und Oberschlesien und im Aachener Raum zu finden. Verwendung fanden sie vorwiegend im Steinkohlen-, im Erz- und Kalisalzbergbau.

Zur selben Zeit entstanden auf den Steinkohlenzechen des Ruhrgebiets die ersten hohen Schachttürme, die gleichsam den Beginn des industriellen Bergbaus markierten. Im Volksmund wurde als Bezeichnung für solche Türme der Name des hart umkämpften Forts übernommen, um damit die Widerstandsfähigkeit dieser manchmal mehr als dreißig Meter hohen Fördereinrichtungen zu betonen.

Die zeitgenössische bergmännisch-technische Bezeichnung für ein solches Bauwerk lautete schlicht „Mauerwerk". Als Fachterminus wurde der Ausdruck „Malakow-Turm" erst im Jahr 1928 von Carl Koschwitz in die Technikgeschichtsschreibung eingeführt [5].

Es liegt auf der Hand, dass die ursprünglich umgangssprachliche Bezeichnung auf das Fort Maláchow zurückzuführen ist.

Von den ehemals mehr als 130 Malakow-Türmen im Ruhrgebiet sind heute noch 14 Malakow-Türme erhalten, die als Denkmale der früheren Industriekultur geschützt sind. Malakow-Türme sind nach der Terminologie der Technikgeschichtsschreibung als Tiefbaueinrichtungen der frühen Phase des industriellen Bergbaus bzw. der Industriekultur definiert.

Für den Bau von Fördergerüsten und Fördertürmen wurden früher unterschiedliche Baumaterialien, wie Holz, Holz mit Mauerwerk kombiniert, Stahl, Gusseisen oder Stahlbeton, verwendet. Das älteste Baumaterial war Holz, da es billig zu bekommen und leicht zu bearbeiten war. Allerdings hatten diese Gerüste nur eine relativ geringe Lebensdauer, die im besten Fall 20 Jahre betriebsfähig waren. Fördergerüste aus Stahl waren zwar teurer, aber sie hatten deutliche Vorteile gegenüber den Gerüsten aus Holz hinsichtlich ihrer Feuersicherheit und längerer Lebensdauer. Nachteilig war jedoch, dass die Stahlgerüste – bedingt durch ihr geringes Eigengewicht – nur geringe Seitenkräfte aufnehmen konnten, die z. B. durch Seilwindenvorrichtungen entstehen.

In den Grundrissen weisen die meisten von den oben genannten Türmen eine rechteckige Form mit einer Größe von etwa 15x15 Metern auf. Die Türme können bis zu 33 Meter hoch sein. Grundsätzlich besteht ein Fördergerüst aus dem Traggerüst, dem Führungsgerüst und der Seilscheibenbühne (siehe nachfolgende Skizze). Als Turm wird im Bergbau ein vertikaler Teil eines Schachts bezeichnet. Der Hauptturm eines Schachts wird Förderturm genannt, in dem sich die Förderkörbe auf und ab bewegen. Im Fahr- oder Fahrtenturm befinden sich die Fahrten (unter Tage eingesetzten Leitern), die früher, vor der Einführung der Personenseilfahrt, den Bergleuten zum „Ein- und Ausfahren" (Absteigen und Aufsteigen) dienten. Einige Malakow-Türme besaßen auch „Burgtürmchen", in denen sich Fluchttreppen für den Fall eines Brandes befanden.

Das Traggerüst bestand aus verschiedenen abstützenden Konstruktionselementen. Das Führungsgerüst, auch Luftschacht genannt, diente der Aufnahme der Fördergutträger oberhalb des Schachtmundes. Es wurde so montiert, dass es nicht zur Aufnahme der seitlichen Zugkräfte genutzt werden konnte. Gründe dafür waren zum einen, dass das Führungsgerüst durch die Zugkräfte elastischen Formänderungen ausgesetzt war und zum anderen, dass es diese Zugkräfte an den Schachtausbau weiterleiten könnte. Jedoch existierten auch Konstruktionen, bei denen keine klare Trennung zwischen Trag- und Führungsgerüst bestand. Bei diesen Fördergerüsten bildeten Traggerüst und Führungsgerüst zusammen das Tragsystem. Die Seilscheibenbühne diente zur Aufnahme der Seilscheiben.

Die Malakow-Türme hatten eine versteifte Konstruktion mit starken Bruchsteinmauerwerk- bzw. Backsteinmauerwerkfundamenten. Die Gründungstiefe betrug mehr als 3 Meter. Die Wände wurden aus den mit dem Kalk-Sand-Mörtel zusammengefügten Backsteinen gebaut. Das Bauwerk hat die Fenster und inneren Leitungen. Innerhalb des Turms gab es Träger, welche die Seilscheiben hielten und die enormen Zugkräfte der Fördermaschinen auffingen. Die Seilscheiben hatten einen Durchmesser von 2,5 bis 6 Metern. Je nach Größe hatte eine Seilscheibe ein entsprechendes Gewicht, z.B. von 1,2 Tonnen (bei 2,5 Meter Durchmesser) bis 7,5 Tonnen (bei 6 Meter Durchmesser). Die Seile wurden von einer Maschine angetrieben, die sich neben dem Gebäude befand.

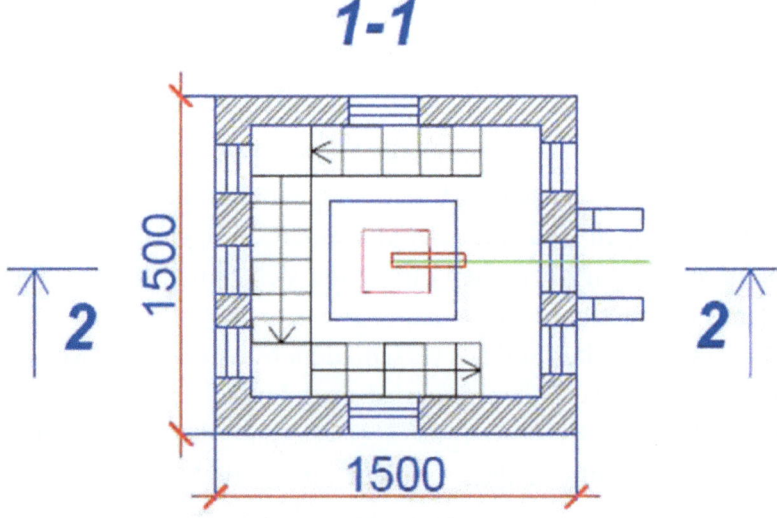

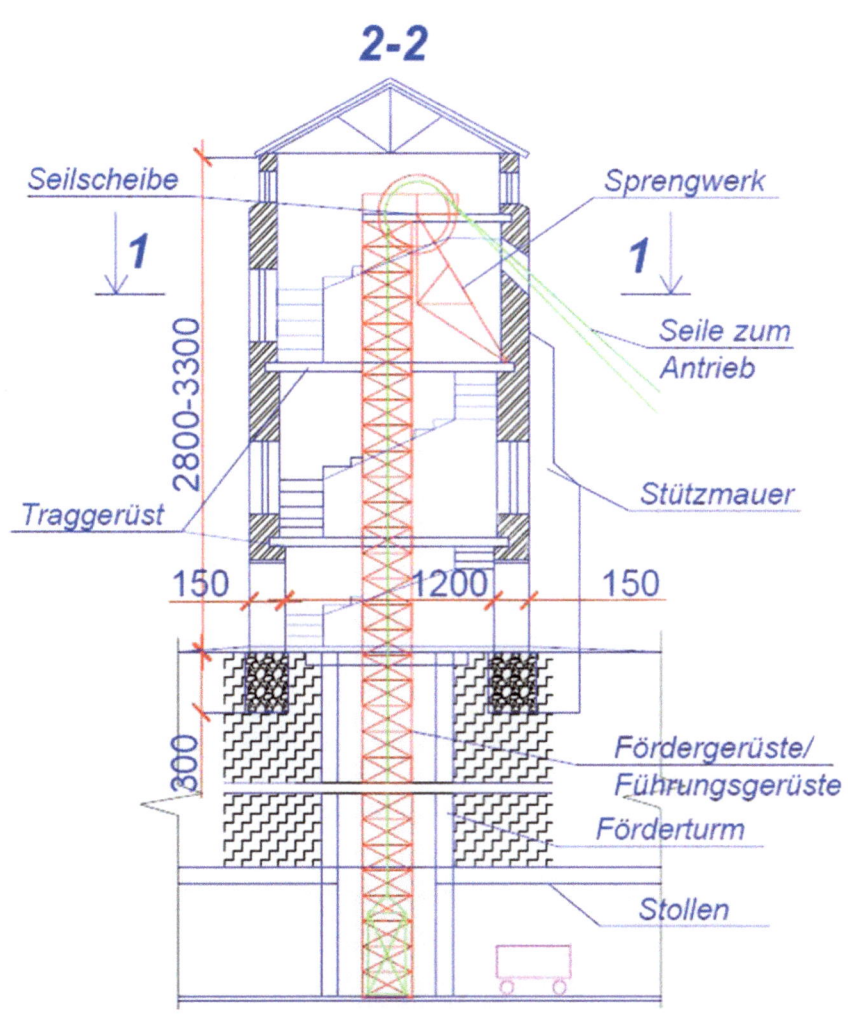

2-2

Seilscheibe

1

2800-3300

Traggerüst

Sprengwerk

1

Seile zum Antrieb

Stützmauer

150 1200 150

300

Fördergerüste/ Führungsgerüste

Förderturm

Stollen

Skizze des Malakow-Turms

Alle anderen, noch bestehenden Malakow-Türme des Ruhrgebietes sind gänzlich in Backstein gemauert. Sie besitzen quadratische oder leicht rechteckige Grundrisse mit bis zu 2,5 Meter dicken Fundamentmauern, die über bis zu vier Etagen nach oben jeweils schmaler werdend abgesetzt sind. Äußerlich sind diese Etagen durch horizontale, um das Gebäude herum verlaufende, Gesimse erkennbar. Die Gebäude weisen wie ein gewöhnliches Haus eine Satteldachform aus Holz oder Stahl auf.

Als vorherrschende Bauform wurden Malakow-Türme durch Stahlfördergerüste abgelöst, als genügend Stahl zur Verfügung stand und so große Gerüste kostengünstig errichtet werden konnten.

Als typische und charakteristische Merkmale der Malakow-Türme sind eindeutig die massive und festungsartige Turmbauweise hervorzuheben. Diese Bauweise ist zur Mitte des 19. Jahrhunderts entstanden, als tiefergehende Teufen, aufwendigere Wasserhaltungen und verbesserte Kohleseparationen höher angelegte Fördergerüste erforderten und größere Stützkräfte abgefangen werden mussten. Vor dieser Zeit wurden die kleiner dimensionierten Fördergerüste in den damals gängigen und in schlichter Architektur gehaltenen Backsteinhäusern untergebracht.

Nachdem man in den 1830ern die Mergelschicht im Ruhrgebiet erstmals überwinden konnte und somit in der Lage war, Kohlevorkommen in Tiefen vom mehr als 100 Metern auszubeuten, reichten die bisherigen Holzkonstruktionen für die Schachtförderung aufgrund zunehmender Belastungen nicht mehr aus. Die Schächte wurden tiefer, größer in ihren Durchmessern und die Fördermaschinen wurden leistungsfähiger. Um nun die hohen Stützlasten von Seilscheiben auffangen zu können, wurde das Seilscheibengerüst innerhalb des Gebäudes einzig im Mauerwerk gelagert (siehe nachfolgende Skizze). Die Schachttürme wurden zu diesem Zweck mit teilweise bis zu 1,50 Meter starkem Ziegelmauerwerk ausgestattet und mit aufwändig versteiften Innenkonstruktionen versehen.

Ein interessantes Merkmal der Malakow-Türme sind die Backsteinmauern. Die Ziegel liegen in der Wand in bestimmter Schichtenfolge, die als Mauerwerkverband bezeichnet wird. Beim Bauen der meisten Malakow-Türme wurden die sogenannten Kreuzverbände verwendet. Sie enthalten eine Schicht aus den Läuferschichtziegeln (siehe Schichtfläche). Nächste Schichten bestehen aus den Kopfsteinen (Stirnfläche). Der innere Aufbau der Schichten bleibt identisch. Die Ziegel der Außenseite des Mauerwerkes werden nach dem Kreuzverbandmuster gesetzt. Wegen dieser besonderen Verflechtung der Ziegel hat das Mauerwerk eine sehr hohe Festigkeit.

Mauerwerkverband des Malakow-Turms der Zeche Westhausen, Dortmund
Fotos von V. Saviovskyi

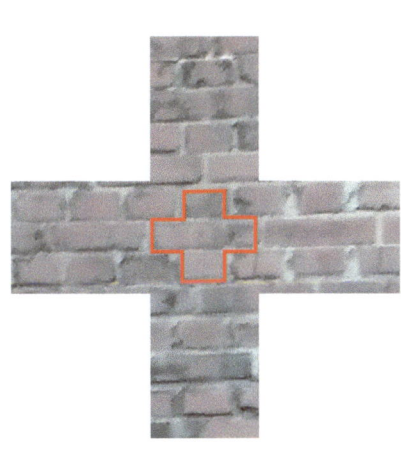

Zum Einsatz kamen dabei traditionelle, empirisch ermittelte Konstruktionen, die der herkömmlichen Zimmerungstechnik entstammten und der Ablenkung der diagonalen Seitenzugkräfte durch die sogenannten Stützmauer dienten.

In Dortmund gibt es einige Beispiele für die Malakow-Türme. Ein besonders interessantes Industriekulturdenkmal ist der Malakow-Turm der Zeche Westhausen, die nach dem Schloss Westhausen im angrenzenden Ort Westerfilde benannt wurde und im Jahr 1872 die Förderung aufnahm.

Malakow-Turm der Zeche Westhausen, Dortmund.
Foto von Artëm Scheller

Ein anderer Malakow-Turm ragt in Zeche Fürst Hardenberg im ehemaligen Steinkohle-bergwerk in Dortmund-Lindenhorst empor. Das Bergwerk wurde nach dem preußischen Staatsmann Karl August Fürst von Hardenberg benannt. Am 17. Juli des Jahres 1872 wurde die bergrechtliche Gewerkschaft gegründet und 1876 mit der Förderung von Steinkohle begonnen. Der erhaltene Malakow-Turm ist als Baudenkmal in die Denkmalliste der Stadt Dortmund eingetragen.

Viele Gebäude und Bauwerke wurden in den letzten Jahren wieder-aufgebaut. Dies entspricht einem modernen Trend im Bauwesen und der Architektur, der Revitalisierung genannt wird. Die Revitalisierung von Industriegebäuden ist ein Komplex organisatorischer und techni-scher Maßnahmen, einschließlich der Durchführung von Instandset-zung und besonderen Arbeiten zur Änderung des funktionalen Zwecks für zivile Ziele. Im Zuge der Revitalisierung können eine Reihe von Arbeiten zum Wiederaufbau, zur Erweiterung, zum Überbau sowie zum Auf- oder Abbau von Gebäudeteilen durchgeführt werden. Der Begriff Revitalisierung (aus dem Lateinischen: Vita – Leben) kann wie die „Wiedergeburt zum Leben" umgedeutet werden. Es impliziert den Prozess der Wiederbelebung und Wiederherstellung des städtischen Raums. Dieser Prozess sieht die Wahrung der Identität und Authenti-zität historischer Gebäude sowie der städtischen Umwelt im Allgemei-nen vor, wobei sich deren funktionaler Zweck den zivilen Bedürfnissen der Gesellschaft anpasst. Die Hauptaufgabe der Revitalisierung ist die Sozialisierung des Raums, die Schaffung von Infrastrukturelementen, welche zur Entwicklung des Tourismus, der Erholung, des Sports und der Verbesserung der Umwelt beiträgt und folglich darauf abzielt, In-vestitionen anzuziehen. Während der Revitalisierung wird eine Reihe von Arbeiten durchgeführt, die den Erhalt des architektonischen Er-scheinungsbildes von Gebäuden mit der Schaffung von Inhalten, In-nenräumen und technischen Einrichtungen nach modernen Standards und Anforderungen gewährleistet. Architektonische oder historische Denkmäler behalten bei der Revitalisierung in der Regel ihre äußere Authentizität und Ausdruckskraft vollständig bei. Ein berühmtes Bei-spiel für die Revitalisierung des Territoriums ist der Bau auf dem Platz des ehemaligen Stahlwerks des berühmten Phoenix-Sees in Dortmund.

Abschließend sei noch der Malakow-Turm der Zeche Julius-Philipp zu erwähnen, der vollständig renoviert heute die Medizinhis-torische Sammlung der Ruhr-Universität Bochum beherbergt. Von 1873–1875 wurde der Malakow-Turm auf dem Gelände der Zeche Julius Philipp errichtet, um Kohle zu fördern. Drei Jahre nach seiner

Malakow-Turm
der Zeche Julius-Philipp, Bochum
Foto von Tatiana Friesen

Fertigstellung begann die Kohleförderung. Nach einer umfangreichen und behutsamen Sanierung zogen im Jahr 1990 das Institut für Geschichte der Medizin und die Medizinhistorische Sammlung der Ruhr-Universität in den denkmalgeschützten Turm ein.

Heutzutage wecken die Malakow-Türme großes Interesse in der Gesellschaft. Seit Jahrhunderten symbolisieren sie Kraft, Festigkeit und Sicherheit. Diese Bauwerke sind jetzt Denkmäler der Erinnerungskultur bzw. gemeinsame Geschichtssymbole der Russen und der Deutschen.

Entstehung des Symbols

Propaganda und Meinungsbildung waren integrale Bestandteile des Krimkriegs. Sowohl der Krieg selbst als auch die damit verbundene Propaganda-Kampagne haben sich auf das kulturelle, soziale, politische Leben und öffentliche Bewusstsein in den vom Konflikt betroffenen Ländern ausgewirkt.

Schon am 14. Januar 1854, genau acht Monate vor der Landung der Osmanen, Briten und Franzosen an die Küste der Krim (14. September), verfasste der in London lebende **Karl Marx** (*1818; †1883) den im großen Stil entwickelten Plan der Kriegsführung gegen Russland. Der Plan sah unter anderem die Besetzung der Halbinsel Krim vor:

„Daß die türkisch-europäischen Flotten Sewastopol zerstören und die russische Schwarzmeerflotte vernichten, daß sie die Krim nehmen und halten können, Odessa besetzen, das Asowsche Meer blockieren und die Bergbewohner des Kaukasus entfesseln können, daran ist nicht zu zweifeln. Die Maßnahmen, die in der Ostsee ergriffen werden müssen, liegen ebenso auf der Hand wie die im Schwarzen Meer: eine Allianz um jeden Preis mit Schweden; eine Einschüchterung Dänemarks, falls es notwendig sein sollte; ein Aufstand in Finnland, der ausbrechen würde, wenn genügend Truppen landeten, und eine Garantie, daß kein Frieden geschlossen werden darf ohne die Bedingung, daß diese Provinz wieder mit Schweden vereinigt wird. Die in Finnland gelandeten Truppen würden Petersburg bedrohen, während die Flotte Kronstadt beschießt.“ [7]

Sein Schriftstück wurde am 6. März 1854 auf Englisch unter dem Titel „The War in the East" (der deutsche Titel: „Der orientalische Krieg") durch die Vermittlung von seinem Schwager, dem südafrikanischen Verleger **Jan Carel Juta** (*1824; †1886), in der zweisprachigen Zeitung „De Zuid-Afrikaan" veröffentlicht.

Am 2. Februar 1854 veröffentlichte **Friedrich Engels** (*1820; †1895) als Leitartikel im „New-York Daily Tribüne" (Nr. 3992), einer der führenden Zeitungen der Vereinigten Staaten, den weiterentwickelten Plan der aggressiven Kriegsführung gegen Russland:

„Daß die verbündeten Flotten Sewastopol zerstören und die russische Schwarzmeerflotte vernichten, daß sie die Krim nehmen und halten können, Odessa besetzen, das Asowsche Meer blockieren und die Bergbewohner des Kaukasus entfesseln können, daran ist nicht zu zweifeln. Nichts ist leichter als das, wenn rasch und energisch gehandelt wird. Angenommen, darüber verginge der erste Monat der aktiven Operationen, so könnte schon der nächste Monat die Dampfschiffe der vereinigten Flotten nach dem britischen Kanal bringen, während die Segelschiffe nachfolgen; denn was im Schwarzen Meer dann noch zu tun ist, das könnte durch die türkische Flotte besorgt werden. Rechnet man weitere vierzehn Tage, um im Kanal Kohlen zu fassen und andere Vorbereitungen zu treffen, so könnten sie, vereinigt mit der atlantischen Flotte und der Kanalflotte Frankreichs und Großbritanniens, vor Ende Mai in solcher Stärke vor der Reede von Kronstadt erscheinen, daß der Erfolg eines Angriffs gesichert wäre. Die Maßnahmen, die in der Ostsee ergriffen werden müssen, liegen ebenso auf der Hand wie die im Schwarzen Meer. Sie bestehen in einer Allianz um jeden Preis mit Schweden, in einer Einschüchterung Dänemarks, falls es notwendig sein sollte, in einem Aufstand in Finnland, der ausbrechen würde, wenn genügend Truppen landeten, und in einer Garantie, daß kein Frieden geschlossen werden darf ohne die Bedingung, daß diese Provinz wieder mit Schweden vereinigt wird. Die in Finnland gelandeten Truppen würden Petersburg bedrohen, während die Flotten Kronstadt beschießen...“ [8]

Die Dokumentation des Kriegsgeschehens wurde von **William Howard Russell** (*1821; †1907), der für die Zeitung „The Times" schrieb, und den Fotografien von **Roger Fenton** (*1819; †1869) der Weltöffentlichkeit zur Verfügung gestellt. Dieser nahm 363 Bilder auf, welche die Library of Congress kaufte. Nachrichten von Kriegskorrespondenten erreichten alle am Krieg beteiligten Nationen und hielten die Zivilgesellschaft dieser Nationen besser über die alltäglichen Ereignisse des Kriegs auf dem Laufenden, als es bis zu diesem Zeitpunkt in jedem anderen Krieg der Fall gewesen ist.

Die britische Öffentlichkeit war sehr gut über die tägliche Realität des Kriegs auf der Krim informiert. Nachdem die Franzosen ihre Telegraphenleitung Ende 1854 bis an die Küste des Schwarzen Meeres verlängerten, erreichten die Nachrichten London innerhalb von zwei Tagen. Als die Briten im April 1855 ein Unterseekabel zur Halbinsel Krim verlegten, erreichten die Nachrichten London in wenigen Stunden. Die täglichen Nachrichten beeinflussten die öffentliche Meinung.

Mindestens drei Phänomene der Alltagskultur wurden unter dem Einfluss des Krimkriegs weltweit verbreitet:

Während des Krimkriegs wurde den Europäern das Rauchen von Zigaretten beigebracht. Die Briten und Franzosen kopierten die Gewohnheit von türkischen Soldaten, die Tabakkrümel in alte Zeitungen wickelten.

Der Krimkrieg hat zu einer ständigen Wettervorhersage geführt, zuerst in Europa und dann auf der ganzen Welt. Der Sturm vom 14. November 1854 in der Nähe von Balaklawa, der der alliierten Flotte schwere Verluste bereitete, sowie die Tatsache, dass diese Verluste hätten verhindert werden können, zwangen den Kaiser von Frankreich **Napoleon III.** (*1808; †1873) persönlich, den führenden Astronomen seines Landes **Urbain Le Verrier** (*1811; †1877) anzuweisen, einen effektiven Wettervorhersagedienst zu schaffen. Schon am 19. Februar 1855, nur drei Monate nach dem Balaklawa-Sturm, wurde die erste Vorhersagekarte erstellt, ein Prototyp von den Karten, die heutzutage in den Wetternachrichten zu sehen sind. Bereits 1856 gab es in Frankreich 13 Wetterstationen.

Die Schlagwörter der Berichterstattung waren unabdingbare Elemente beziehungsweise Begriffe der europäischen Massenkultur der 2. Hälfte des 19. Jahrhunderts.

Die Siedlung der Bergarbeiter der1858 in Betrieb genommenen Gelsenkirchener Zeche Hibernia im Ruhrgebiet wurde **Balaklava** genannt. Während der Belagerung von Sewastopol bauten die Briten ihre Basis auf der Krim in der Hafenstadt Balaklawa auf. Die Einwohner der Balaklava-Siedlung, die man auch Kolonie nannte, waren vorwiegend englische und irische Bergleute.

Das Maláchow-Fort, das auf dem hart umkämpften Maláchow-Hügel stand, ist zum Sinnbild der Widerstandskraft und der industriellen Revolution geworden. Viele große Bauten in Westeuropa wurden nach ihm benannt.

Darunter waren eine Reihe von Bergbautürmen aus Stein im Ruhrgebiet, die sogenannte Kaponniere Malakoff in Mainz und der Malakoff-Turm der Festung Luxemburg.

In der Schweizer Küche gibt es die **Malakoff-Käseschnitte**, die als eine gebackene Mischung aus geriebenem Käse, Mehl, Rahm und Eigelb auf einer Brotscheibe verspeist wird. Im Krimkrieg gab es trotz Verbots noch Schweizer Söldner, deren Einsatz bei der Eroberung des Forts Malakow unter dem Kommando des französischen Marschalls **Aimable** Pélissier (*1794; †1864), erfolgreich war.

In Österreich wird einer kalten Süßspeise der Name Malakoff zugeteilt. Diese **Malakoff-Torte**, die vor allem in Österreich bekannt ist, wird aus Löffelbiskuit (auch Katzenzunge genannt), Creme und Rum zubereitet.

In Frankreich wurde die Schlacht offiziell auf eine seltene Weise gewürdigt: Marschall Aimable Pélissier wurde am 22. Juli von Kaiser Napoleon III. zum Herzog von Malakow (französisch: **Duc de Malakoff**) ernannt.

Malakoff ist eine französische Gemeinde im Département Hauts-de-Seine in der Region Île-de-France, die südlich an Paris grenzt. Die Einwohner werden Malakoffiots genannt. Es gibt auch noch die **Avenue de Malakoff**, eine 410 Meter lange und 23,5 Meter breite Straße im 16. Arrondissement (Stadtteil) von Paris. Auf dem Malakhov Kurgan, wo gekämpft wurde, brennt jetzt das ewige Feuer, das an die Belagerung von Sewastopol während des Zweiten Weltkriegs erinnert.

Literaturverzeichnis

1. **Описаніе обороны г. Севастополя** / составлено подъ руководствомъ генерал-адъютанта Тотлебена / часть I. / Санктпетербургъ. / въ типографіи Н. Тиблена и комп. 1863 /
Beschreibung der Verteidigung der Stadt Sewastopol, verfasst unter der Leitung von Generaladjutant Totleben, Teil I. Druckerei N. Tiblen und Ko., Sankt Petersburg 1863; S. 123–124.

   (На Малаховомъ курганѣ была устроена морским вѣдомствомъ, на счетъ городского купечества, малая башня, 7-ми саженъ въ поперечникѣ, названная Малаховою башнею. Она имѣла два закрытыхъ яруса, примѣненныхъ къ ружейной оборонѣ, и открытую батарею.
   Наружныя стѣны ея имѣли 5 футъ, а верхній сводъ 21/2 фута толщины. На открытой батареѣ, за парапетомъ вышиною въ 3 фута, было поставлено на поворотныхъ платформахъ 5 крѣпостныхъ 18 фунтовыхъ пушекъ. Башня имѣла 28 футъ вышины и съ поля, в разстояніи 31/2 саженъ, была прикрыта гласисомъ, вышиною въ 6 футъ.)

2. Southwell Brothers Royal. London:
   https://commons.wikimedia.org/wiki/File:VictorinaTotleben.jpg

3. Островский Александр, Киев:
   https://commons.wikimedia.org/wiki/
   File:Севастополь_-_Могила_Тотлебена_-_Братское_кладбище.jpg.

4. AnatolyPm:
   https://commons.wikimedia.org/wiki/File:Ясени_Тотлебена_в_Киеве_1.jpg

5. **Carl Koschwitz: Die Hochbauten auf den Steinkohlenzechen des Ruhrgebiets.** Hrsg.: Technische Hochschule zu Berlin. Girardet Verlag, Essen 22. September 1928, S. 26 ff. (Dissertation).

6. *https://upload.wikimedia.org/wikipedia/*
   commons/3/39/Malakowturm_Zeche _Hardenberg_Dortmund.jpg

7. **Karl Marx: Der orientalische Krieg** // Karl Marx / Friedrich Engels / Werke, Band 10. Institut für Marxismus-Leninismus beim ZK der Sed, Dietz Verlag, Berlin 1977; S. 21.

8. **Friedrich Engels: Der europäische Krieg** // Karl Marx / Friedrich Engels / Werke, Band 10. Institut für Marxismus-Leninismus beim ZK der SED, Dietz Verlag, Berlin, 1977; S. 5–6.

Walther Friesen

Rundbogenstil der Zeche Westhausen und Architektur Russlands

1828 erschien das Schriftstück „In welchem Style sollen wir bauen?"[1] des Karlsruher Architekten Heinrich Hübsch (*1795; †1863), in dem er die Haupteigenschaften, „welche den neuen Styl von dem griechischen unterscheidet", definierte:

„statt der Horizontal-Überdeckung im Steinbau Gewölb-Überdeckung, oder statt der antiken Säulenstellung mit horizontalem Gebälke eine **Bogenstellung.**"

„die Fenster sind durchgängig mit Bogen überspannt, und sind meist sehr lang gegen ihre Breite … Die **größeren Fensteröffnungen müssen ebenfalls überwölbt** werden; allein bei den **kleineren** bis zu vier Fuß breiten Öffnungen möchten, wenn die Fensterrahmen aus Holz bestehen und geöffnet werden sollen, in den meisten Fällen **gerade Sturze** anwendbarer sein."

„die Überspannungen der **Thüröffnungen,** worüber sich die Wand fortsetzt, müssen gleich den Pfeiler-Überspannungen, etwa mit Ausnahme der schmäleren Öffnungen, **überwölbt** werden."

Hübsch schloss die Verwendung von Marmor, der von antiken Baumeistern verwendet wurde, aus. Die Besonderheiten des deutschen Klimas forderten die Verwendung von Sandstein und Ziegelwerken. Die Rundbogenformen herrschten in der frühchristlichen und der byzantinischen Architektur vor. So lehnte sich Hübsch an die architektonischen Traditionen der byzantinisch-orthodoxen Kirchen an. Seine Schrift erschien unter dem Einfluss der 1817–1824 unternommenen Studienreisen nach Italien, Athen und Konstantinopel, wo Heinrich Hübsch die Bauformen der frühchristlichen Architektur untersuchte. Dort fing er an, die Grundlagen der neuen abendländischen Architektur zu entwickeln. „Das erste und zugleich größte in diesem **altbyzantinischen Style errichtete Gebäude war die Sophienkirche zu Constantinopel,** welche alsdann vielen anderen zum Muster diente, und selbst von den Mohamedanern nachgeahmt wurde, in deren Bauart noch jetzt die Kuppeln eine Hauptrolle spielen"[2], schrieb Heinrich Hübsch weiter.

Seine architektonischen Innovationen entsprachen den geopoliti-
schen Maximen der **Heiligen Allianz**, geschlossen nach dem endgültigen Sieg über **Napoleon Bonaparte** (*1769; †1821) am 26. September
1815 in Paris. Die drei beteiligten Monarchen vertraten die christlichen
Hauptglaubensrichtungen: Der russische Imperator **Alexander I.**
(*1777; †1825) war orthodox, **Österreichs** Kaiser **Franz I.** (*1768; †
1835) römisch-katholisch und der preußische König **Friedrich Wil-
helm III.** (*1770; †1840) evangelisch. Die Schriftstellerin und Berate-
rin des russischen Imperators, **Beate Barbara Juliane von Krüdener**
(*1764; †1824), die mütterlicherseits dem Adelsgeschlecht derer **von
Mengden** entstammte, hatte diese christliche Allianz angeregt.

1828 bekam Hübsch seinen ersten öffentlichen Bauauftrag, die
Wachhäuser des Karlsruher Karlstores zu gestalten. Er entwarf sie mit
drei rundbogigen Arkaden, die an die **Loggia dei Lanzi** in Florenz
erinnerten. 1967 wurde das Bauwerk infolge der städtischen Umbau-
maßnahmen abgerissen.

Loggia dei Lanzi in Florenz, 1870
Foto von Giacomo Brogi (1822–1881) [3]

Karlstor in Karlsruhe [4]

Zur gleichen Zeit (1819–1828) hielt sich in Italien der in Sankt Petersburg geborene russlanddeutsche Architekt **Konstantin Thon** (*1794; †1881) auf. In Rom begann er, die Denkmäler der antiken Architektur zu studieren und die ersten christlichen Tempel mit den Kirchen der Neuzeit zu vergleichen. 1822 besuchte Thon Florenz, wo er seine Arbeit der örtlichen Akademie vorstellte, die ihn daraufhin als Mitglied aufnahm. Nach seiner Rückkehr wurde er vom **Imperator Nikolaus I.** (*1796; †1855) als Architekt im „Kabinett Seiner Majestät" eingestellt und mit der Fortsetzung des Baues der monumentalen Hauptkirche Russlands, der **Christ-Erlöser-Kathedrale** in Moskau, beauftragt. Konstantin Thon löste den russlanddeutschen Architekten **Carl Magnus Witberg** (*1787; †1855) ab, der dieses Bauvorhaben zunächst ausgeführt und die Kathedrale als Kirchenbauwerk von fast 250 Metern Höhe mit ausgedehnten **säulengestützten** Portalen in der Tradition der römisch-griechischen Architektur entworfen hatte. Witbergs Bauwerk sollte an den Petersdom in Rom und auch an die 1811 fertiggestellte Kasaner Kathedrale von St. Petersburg erinnern.

Foto von William H. Rau (1855–1920) [6]
Christ-Erlöser-Kathedrale in Moskau und Polytechnikum in Karlsruhe mit den
„überwölbten" „Fenster- und Türöffnungen", die „sehr lang gegen ihre Breite" sind. [7]

Im Unterschied zu Witberg konzipierte Konstantin Thon die Christ-Erlöser-Kathedrale in dem von ihm entwickelten „**russisch-byzantinischen Stil**", der untrennbar mit der ideologisierten Vorstellung des Russischen Imperiums als politischem und konfessionellem Nachfolger des Byzantinischen (Oströmischen) Reiches verbunden war. 1453 war Byzanz von den türkischen Osmanen erobert worden. Thon reproduzierte den alten russischen Stil des orthodoxen Kirchenbaus, den er durch eine Reihe von Elementen ergänzte, die charakteristisch für die christlichen Tempel des Byzantinischen Reiches waren. An den Malerarbeiten in der Kuppel der Moskauer Christ-Erlöser-Kathedrale mit den für den russisch-byzantinischen Stil charakteristischen überwölbten „Fensteröffnungen" nahm der russlanddeutsche Maler **Johann Gottlieb Wenig** (*1837; †1872) teil.

Dem Autor ist nicht bekannt, dass Heinrich Hübsch und Konstantin Thon sich während ihrer fast gleichzeitigen Aufenthalte in Italien oder an anderer Stelle begegnet sind. Dennoch teilen sie das gleiche architektonische Konzept im Sinne der „erhabenen Wahrheiten, ... die die unvergängliche Religion des göttlichen Erlösers lehrt" und die sich insgesamt nur als Glieder ein und derselben christlichen Nation ... betrachten" [5]. Und sie setzen ähnliche Architekturformen um, die sich in ihren weltberühmten Bauten widerspiegeln.

Die beruflichen Laufbahnen der beiden Architekten verliefen ebenfalls ähnlich. Nachdem Konstantin Thon den Großen Kremlpalast und die **Rüstkammer in Moskau** fertiggestellt hatte, wurde er zum Rektor der Imperatorischen Kunstakademie in Sankt Petersburg ernannt. Die umfangreichen Bauvorhaben lenkten Thon nicht von seiner Position als lehrender Professor in der Architekturklasse der Akademie ab. Während seiner 24-jährigen Amtszeit bildete er mehr als zweihundert junge Architekten Russlands aus, von denen viele, wie **Karl-Jakob Majewski** (*1824; †1897), **Karl Rachau** (*1830; † 1880), **Bernhard Johansson** (*1835; †?), **Wassili Kennel** (*1834; †1893), **Ludwig Franz Spörer** (*1835; †1898) und **Michail Makarow** (*1827; †1873), später verdiente Berühmtheit erlangten.

Großer Kremlpalast – Dienstgebäude des russischen Präsidenten, errichtet 1838–1849 unter der Leitung von Konstantin Thon; Hauptarchitekt ab 1843: Theodor Richter (*1808; †1868). Foto von Olga Nasenkowa

Heinrich Hübsch wurde mit der Leitung der **Karlsruher Bauschule** bzw. des **Polytechnikums** beauftragt, aus dem die **Technische Hochschule Karlsruhe** bzw. das heutige **Karlsruher Institut für Technologie** hervorging.

Die Erhebung des Polytechnikums zur Technischen Hochschule erfolgte in der Amtszeit (1864–1866) von **Jakob Hochstetter** (*1812; †1880), der bei Heinrich Hübsch studiert hatte und der auf den Prinzipien des Karlsruher Rundbogenstils beharrte.

1866–1867 wurde die älteste technische Hochschule Deutschlands vom Ingenieurwissenschaftler **Hermann Sternberg** (*1825; †1885) geleitet. Ein Jahrzehnt später (1875–1876) hielt er wieder dieses Amt inne. Zu seinen Schülern gehörten **Hermann Zimmermann** (*1845; †1935), **Friedrich Engesser** (*1848; †1931), **Reinhold Krohn** (*1852; †1932) und **August Föppl** (*1854; †1924), die sich u. a. mit der Bemessung von Tragwerken als Grundlage zur Errichtung von Türmen befassten.

1865–1869 studierte auch der russlanddeutsche Architekt **Wilhelm-Eduard-Maximilian-Karl Hoeppener** (Max Hoeppener; *1848; †1924) Bauingenieurwesen an der Technischen Hochschule in Karlsruhe. Während seines Studiums fuhr er mehrmals nach Moskau, um kleine Bauaufträge auszuführen. Gleichzeitig beteiligte er sich an einigen Bauvorhaben in Deutschland.

Weder das Deutsche Bergbau-Museum Bochum noch die LWL-Denkmalpflege in Münster verfügen über Informationen darüber, wer den in den 1870er Jahren errichteten Malakow-Turm der Zeche Westhausen in Dortmund-Bodelschwingh entwarf. Es ist nicht ausgeschlossen, dass dieses Bauwerk, dessen Bauelemente den deutlichen Einfluss des Rundbogenstils aufweisen, unter Beteiligung der Professoren und Studierenden der Karlsruher Technischen Hochschule konzipiert wurde. Nahm auch Max Hoeppener an diesem Projekt teil? Zumindest einige der Gebäudeverzierungen spiegeln sich in seinen späteren Arbeiten wider. Wassertürme der Wasserleitung in Mytischtschi (Gebiet Moskau) wiederholen die Linien der kleinen Türme auf dem Dach des Malakow-Turms der Zeche Westhausen. Und die Fensteröffnungen im neu-byzantinischen Stil dieses Dortmunder Schachtgebäudes gleichen denen der **Christ-Erlöser-Kathedrale** und insbesondere des **Großen Kremlpalastes** in Moskau.

Nach der
mit Eleme
deutsche

Das Filmtheater „Zentralnyi" wurde am 15. Deze
eröffnet. Zum Zeitpunkt der Eröffnung war es da
Stadt, Foto von Peter Friesen

Dachtürmchen des Malakow-Turms der Zeche Westhausen mit fiktiven
Fensteröffnungen (links) in gleichen Architekturformen wie im Großen
Kremlpalast in Moskau (rechts). Fotos des Autors

Wasserturm in Tula/
ul. Akademika Pawlowa 1E
Baujahr 1950. Foto von Peter Friesen

en Weltkrieg wurden zahlreiche Bauwerke
les neu-byzantinischen Stils, auch von
gsgefangenen in Russland, errichtet:

951 in Tula
te Kino der

Großer Kremlpalast in Moskau

Informationsquellen

1. Hübsch, Heinrich: In welchem Style sollen wir bauen? Karlsruhe, Verlag der Chr. Fr. Müller'schen Hofbuchhandlung und Hofbuchdruckerey 1828.

2. Ebenda.

3. https://commons.wikimedia.org/wiki/File:Brogi,_Giacomo_(1822-1881)_-_3057_-_Firenze_-_Loggia_dei_Lanzi.jpg; abgerufen am 27.07.2021.

4. https://commons.wikimedia.org/wiki/File:Karlstor_Karlsruhe.jpg; abgerufen am 27.07.2021.

5. http://www.documentarchiv.de/nzjh/1815/heilige-allianz.html; abgerufen am 27.07.2021.

6. https://commons.wikimedia.org/wiki/File:Cathedral_of_Christ_the_Saviour_1903.jpg

7. https://de.wikipedia.org/wiki/Datei:Geschichte3-PD-alt-100.jpg; abgerufen am 27.07.2021.

8. https://commons.wikimedia.org/wiki/File:Moscow,_Water_Towers,_Max_Hoeppener,_1890s.jpg; abgerufen am 27.07.2021.

Autoren

Dr.-Ing. Volodymyr Saviovskyi

Fachgebiet Bauingenieurwesen

Dr. (*Inst. f. Orient.*) **Walther Friesen**

AFZ ETHNOS e. V.